Impressum
Verlag: BABADADA GmbH, Nedderfeld 112 , 22529 Hamburg
Geschäftsführer / Verlagsleitung: Harald Hof
Druck: Books on Demand GmbH, In de Tarpen 42, 22848 Norderstedt

Imprint
Publisher: BABADADA GmbH, Nedderfeld 112 , 22529 Hamburg, Germany
Managing Director / Publishing direction: Harald Hof
Print: Books on Demand GmbH, In de Tarpen 42, 22848 Norderstedt

school

Šola

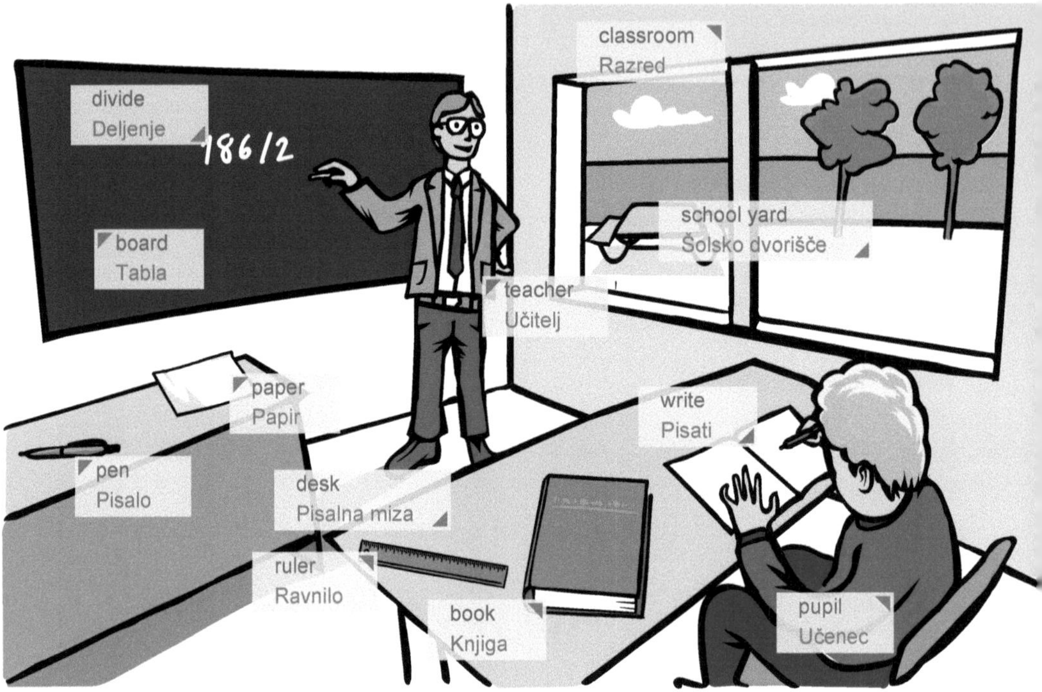
classroom
Razred
divide
Deljenje
186/2
board
Tabla
school yard
Šolsko dvorišče
teacher
Učitelj
paper
Papir
write
Pisati
pen
Pisalo
desk
Pisalna miza
ruler
Ravnilo
book
Knjiga
pupil
Učenec

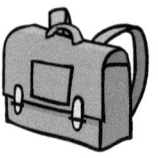

satchel

Šolska torba

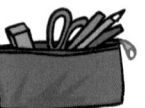

pencil case

Peresnica

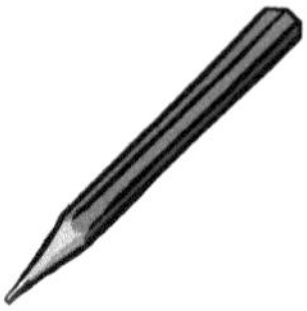

pencil

Svinčnik

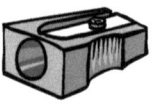

pencil sharpener

Šilček

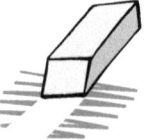

rubber

Radirka

drawing pad

Risalni blok

drawing

Risba

paintbrush

Čopič

paint box

Vodene barvice

scissors

Škarje

glue

Lepilo

exercise book

Zvezek

homework

Domača naloga

number

Število

add

Seštevanje

subtract

Odštevanje

multiply

Množenje

calculate

Računanje

letter

Črka

alphabet

Abeceda

word

Beseda

text

Besedilo

read

Brati

chalk

Kreda

lesson

Učna ura

register

Redovalnica

exam

Preizkus znanja

certificate

Spričevalo

school uniform

Šolska uniforma

education

Izobrazba

encyclopedia

Enciklopedija

university

Univerza

microscope

Mikroskop

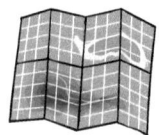

map

Zemljevid

waste-paper basket

Koš za smeti

travel
Potovanje

hotel
Hotel
Grand
hostel
Hostel
ROOMS
bureau de change
Menjalnica
€CHANGE
car
Avtomobil

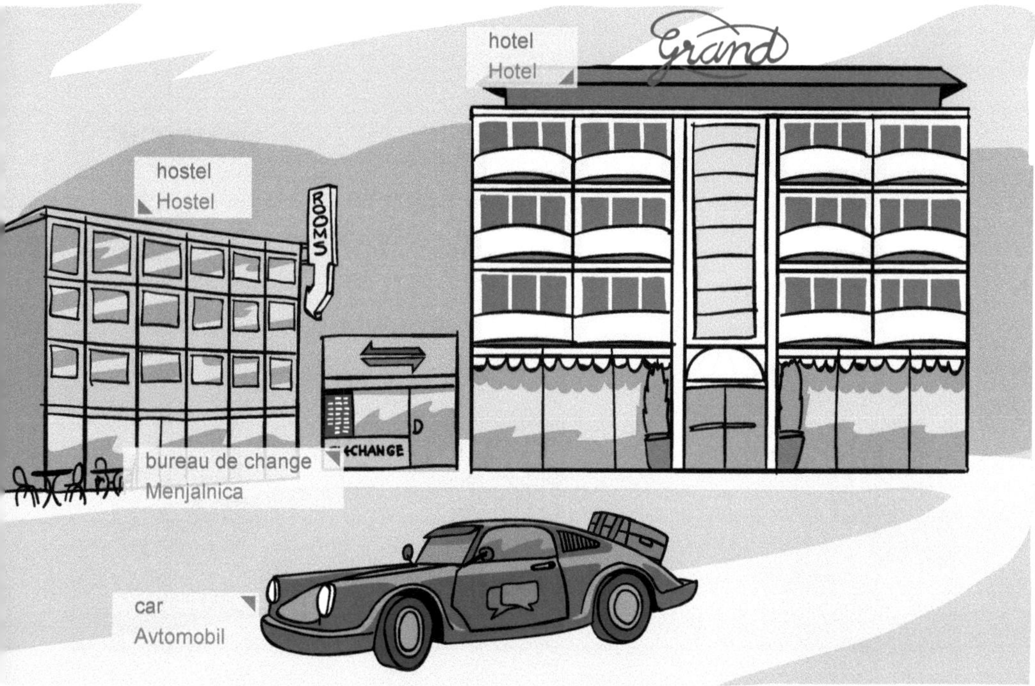

language
Jezik

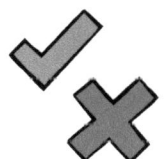

yes / no
da / ne

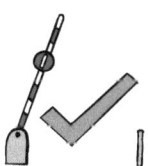

Okay
Prav

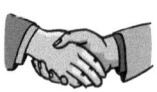

hello
Pozdravljeni

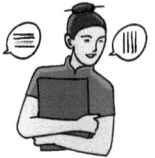

translator
Prevajalec

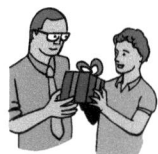

Thank you
Hvala

how much is...?

Koliko stane...?

I do not understand

Ne razumem

problem

Težava

Good evening!

Dober večer!

Good morning!

Dobro jutro!

Good night!

Lahko noč!

bye bye

Nasvidenje

direction

Smer

luggage

Prtljaga

bag

Torba

backpack

Nahrbtnik

guest

Gost

room

Soba

sleeping bag

Spalna vreča

tent

Šotor

travel - Potovanje

tourist information

Turistične informacije

beach

Plaža

credit card

Kreditna kartica

breakfast

Zajtrk

lunch

Kosilo

dinner

Večerja

ticket

Vozovnica

lift

Dvigalo

stamp

Znamka

border

Meja

customs

Carina

embassy

Veleposlaništvo

visa

Vizum

passport

Potni list

transport
Prevoz

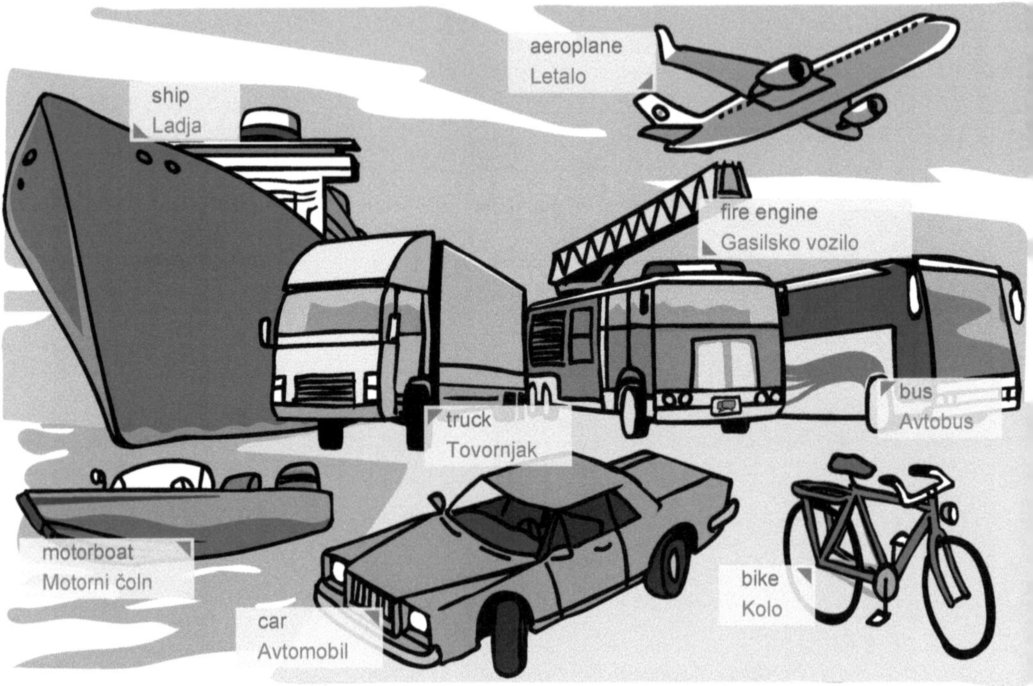

aeroplane
Letalo
ship
Ladja
fire engine
Gasilsko vozilo
bus
Avtobus
truck
Tovornjak
motorboat
Motorni čoln
bike
Kolo
car
Avtomobil

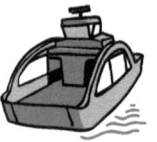

ferry
Trajekt

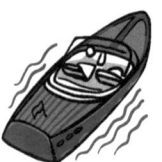

boat
Čoln

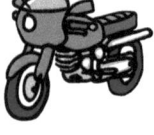

motorbike
Motorno kolo

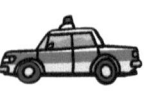

police car
Policijski avto

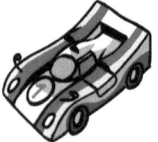

racing car
Dirkalni avto

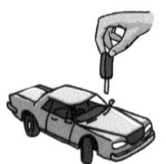

rental car
Najeto vozilo

car sharing
Souporaba avtomobila

breakdown truck
Avtovleka

refuse truck
Smetarsko vozilo

motor
Motor

fuel
Gorivo

petrol station
Bencinska postaja

traffic sign
Prometni znak

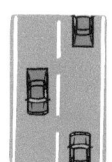

traffic
Promet

traffic jam
Zastoj

car park
Parkirišče

train station
Železniška postaja

tracks
Tirnice

train
Vlak

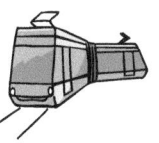

tram
Tramvaj

carriage
Vagon

helicopter
Helikopter

airport
Letališče

tower
Stolp

passenger
Potnik

container
Kontejner

carton
Karton

cart
Voziček

basket
Košara

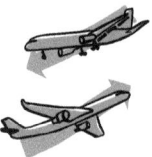

take off / land
vzleteti / pristati

city

Mesto

village
Vas

city centre
Mestno jedro

house
Hiša

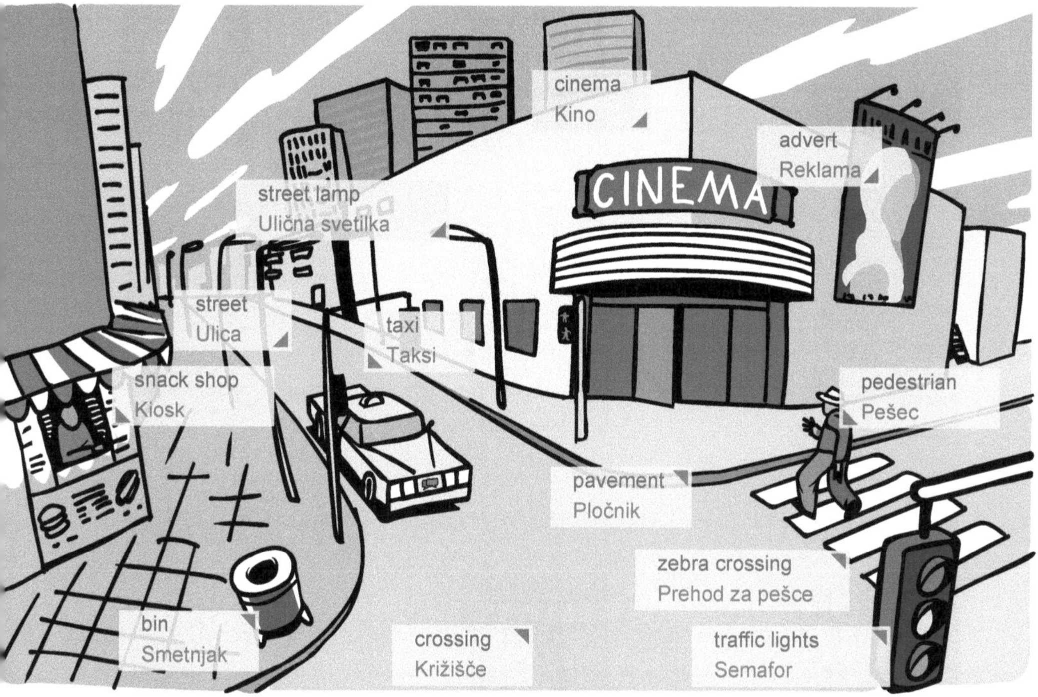

cinema
Kino
advert
Reklama
CINEMA
street lamp
Ulična svetilka
street
Ulica
taxi
Taksi
snack shop
Kiosk
pedestrian
Pešec
pavement
Pločnik
zebra crossing
Prehod za pešce
bin
Smetnjak
crossing
Križišče
traffic lights
Semafor

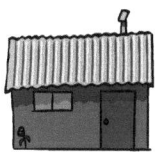

hut

Koča

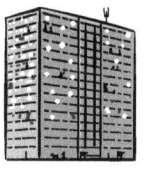

flat

Stanovanje

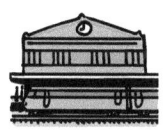

train station

Železniška postaja

town hall

Mestna hiša

MUSEUM

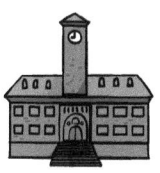

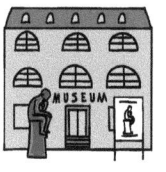

museum

Muzej

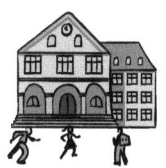

school

Šola

university

Univerza

bank

Banka

hospital

Bolnišnica

hotel

Hotel

pharmacy

Lekarna

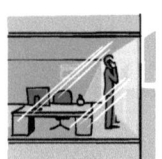

office

Pisarna

book shop

Knjigarna

shop

Trgovina

florist's

Cvetličarna

supermarket

Supermarket

market

Tržnica

department store

Veleblagovnica

fishmonger's

Ribarnica

shopping centre

Nakupovalno središče

harbour

Pristanišče

park

Park

bench

Klop

bridge

Most

stairs

Stopnice

underground

Podzemna železnica

tunnel

Predor

bus stop

Avtobusno postajališče

bar

Bar

restaurant

Restavracija

posthox

Poštni nabiralnik

street sign

Ulična tabla

parking meter

Parkirna ura

zoo

Živalski vrt

swimming pool

Kopališče

mosque

Mošeja

farm

Kmetija

pollution

Onesnaževanje

graveyard

Pokopališče

church

Cerkev

playground

Otroško igrišče

temple

Tempelj

landscape
Pokrajina

signpost
Kažipot

way
Pot

meadow
Travnik

stone
Kamen

hiker
Pohodnik

tree
Drevo

river
Reka

grass
Trava

flower
Cvetlica

valley

Dolina

hill

Hrib

lake

Jezero

forest

Gozd

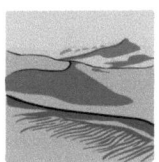

desert

Puščava

volcano

Vulkan

castle

Grad

rainbow

Mavrica

mushroom

Goba

palm tree

Palma

mosquito

Komar

fly

Muha

ant

Mravlja

bee

Čebela

spider

Pajek

beetle

Hrošč

frog

Žaba

squirrel

Veverica

hedgehog

Jež

hare

Zajec

owl

Sova

bird

Ptič

swan

Labod

boar

Divji prašič

deer

Jelen

moose

Los

dam

Jez

wind turbine

Vetrnica

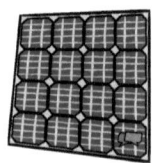

solar panel

Solarna plošča

climate

Podnebje

restaurant
Restavracija

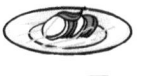

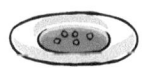

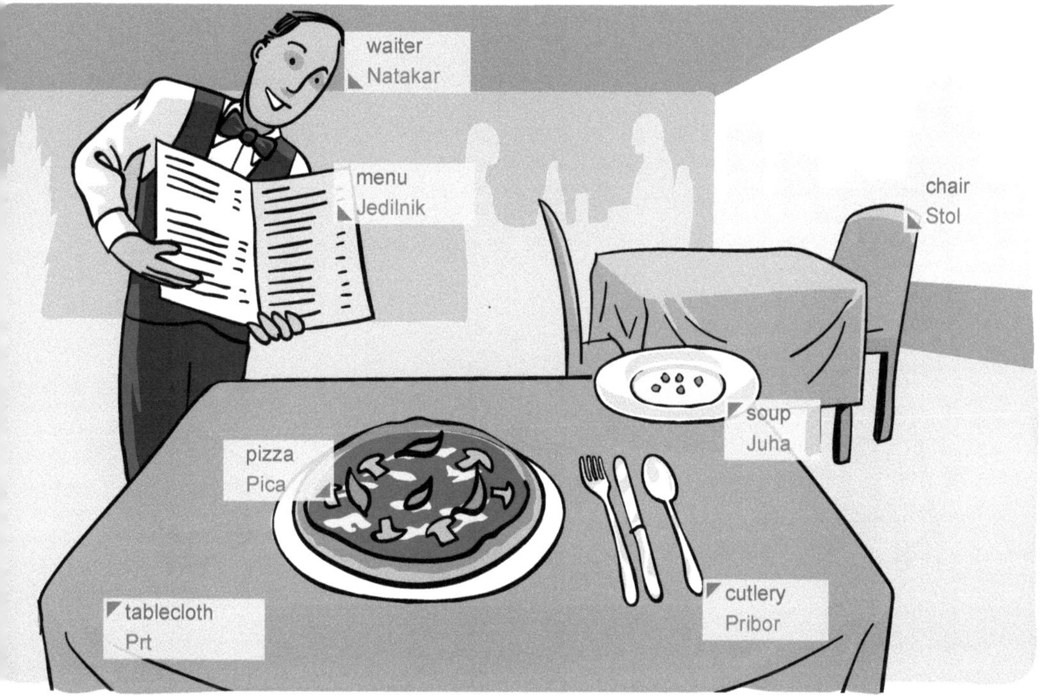
waiter
Natakar
menu
Jedilnik
chair
Stol
soup
Juha
pizza
Pica
cutlery
Pribor
tablecloth
Prt

starter
....
Predjed

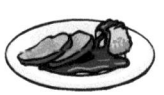

main course
....
Glavna jed

dessert
....
Sladica

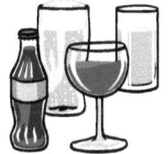

drinks
....
Pijače

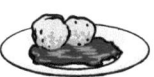

food
....
Hrana

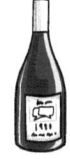

bottle
....
Steklenica

fast food

Hitra hrana

street food

Ulična hrana

teapot

Čajnik

sugar bowl

Sladkornica

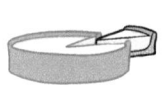

portion

Porcija

espresso machine

Aparat za espresso

high chair

Stolček za hranjenje

bill

Račun

tray

Pladenj

knife

Nož

fork

Vilica

spoon

Žlica

teaspoon

Čajna žlička

serviette

Servieta

glass

Kozarec

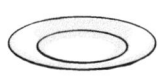

plate

Krožnik

soup plate

Globoki krožnik

saucer

Krožniček

sauce

Omaka

salt pot

Solnica

pepper mill

Mlinček za poper

vinegar

Kis

oil

Olje

spices

Začimbe

ketchup

Kečap

mustard

Gorčica

mayonnaise

Majoneza

supermarket

Supermarket

special offer
Posebna ponudba
FOR
customer
Stranka
dairy
Mlečni izdelki
fruit
Sadje
trolley
Nakupovalni voziček

BUTCHERS

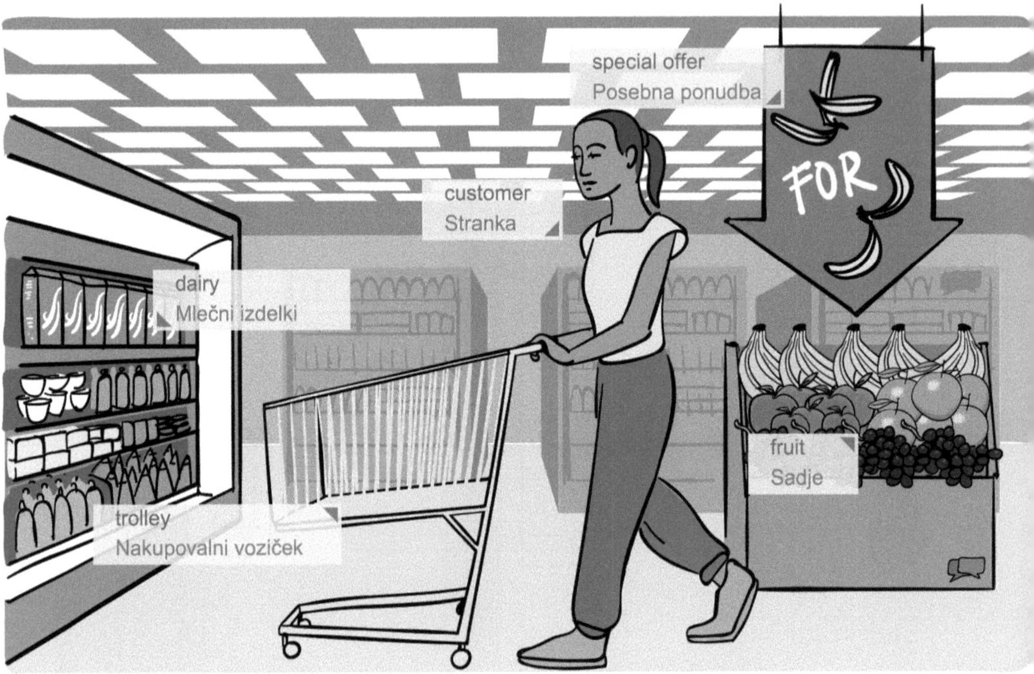

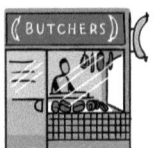

butcher´s

Mesnica

BAKERY

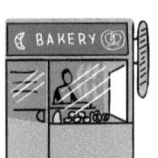

baker´s

Pekarna

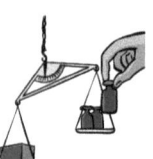

weigh

Tehtati

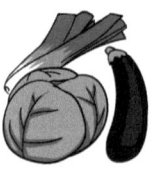

vegetables

Zelenjava

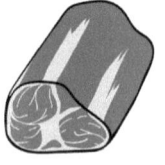

meat

Meso

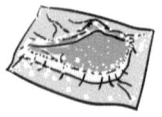

frozen food

Zamrznjena hrana

cold meat

Hladne mesnine

tinned food

Konzerve

washing powder

Pralni prašek

sweets

Sladkarije

household products

Gospodinjski izdelki

cleaning products

Čistilno sredstvo

salesperson

Prodajalka

till

Blagajna

cashier

Blagajnik

shopping list

Nakupovalni seznam

opening hours

Delovni čas

wallet

Denarnica

credit card

Kreditna kartica

bag

Torba

plastic bag

Plastična vrečka

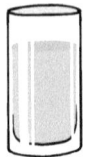

water

Voda

juice

Sok

milk

Mleko

coke

Kola

wine

Vino

beer

Pivo

alcohol

Alkohol

cocoa

Kakav

tea

Čaj

coffee

Kava

espresso

Espresso

cappuccino

Kapučino

banana

Banana

apple

Jabolko

orange

Pomaranča

melon

Lubenica

lemon

Limona

carrot

Korenje

garlic

Česen

bamboo

Bambus

onion

Čebula

mushroom

Goba

nuts

Oreščki

noodles

Rezanci

spaghetti

Špageti

rice

Riž

salad

Solata

chips

Ocvrt krompirček

fried potatoes

Pečen krompir

pizza

Pica

hamburger

Hamburger

sandwich

Sendvič

cutlet

Zrezek

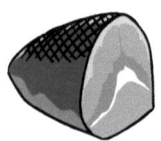

ham

Šunka

salami

Salama

sausage

Klobasa

chicken

Piščanec

roast

Pečenka

fish

Riba

porridge oats

Ovseni kosmiči

muesli

Musli

cornflakes

Koruzni kosmiči

flour

Moka

croissant

Rogljiček

bread roll

Žemlja

bread

Kruh

toast

Prepečenec

biscuits

Piškoti

butter

Maslo

curd

Skuta

cake

Torta

egg

Jajce

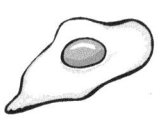

fried egg

Pečeno jajce na oko

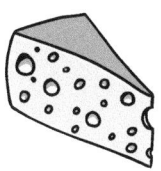

cheese

Sir

ice cream

Sladoled

sugar

Sladkor

honey

Med

jam

Marmelada

chocolate spread

Čokoladni namaz

curry

Kari

goat	cow	calf
Koza	Krava	Tele

pig	piglet	bull
Prašič	Pujsek	Bik

goose

Gos

duck

Raca

chick

Piščanec

hen

Kokoš

cock

Petelin

rat

Podgana

cat

Mačka

mouse

Miš

ox

Vol

dog

Pes

doghouse

Pasja uta

garden hose

Cev za zalivanje

watering can

Kangla za zalivanje

scythe

Kosa

plough

Plug

sickle

Srp

hoe

Motika

pitchfork

Vile

axe

Sekira

wheelbarrow

Samokolnica

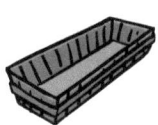

trough

Korito

milk can

Kangla za mleko

sack

Vreča

fence

Ograja

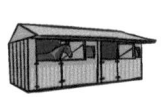

stable

Hlev

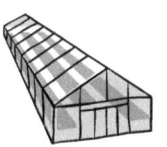

greenhouse

Rastlinjak

soil

Prst

seed

Seme

fertilizer

Gnojilo

combine harvester

Kombajn

harvest

Žeti

harvest

Žetev

yams

Jam

wheat

Pšenica

soy

Soja

potato

Krompir

corn

Koruza

rapeseed

Oljna ogrščica

fruit tree

Sadno drevo

cassava

Maniok

cereals

Žito

house
Hiša

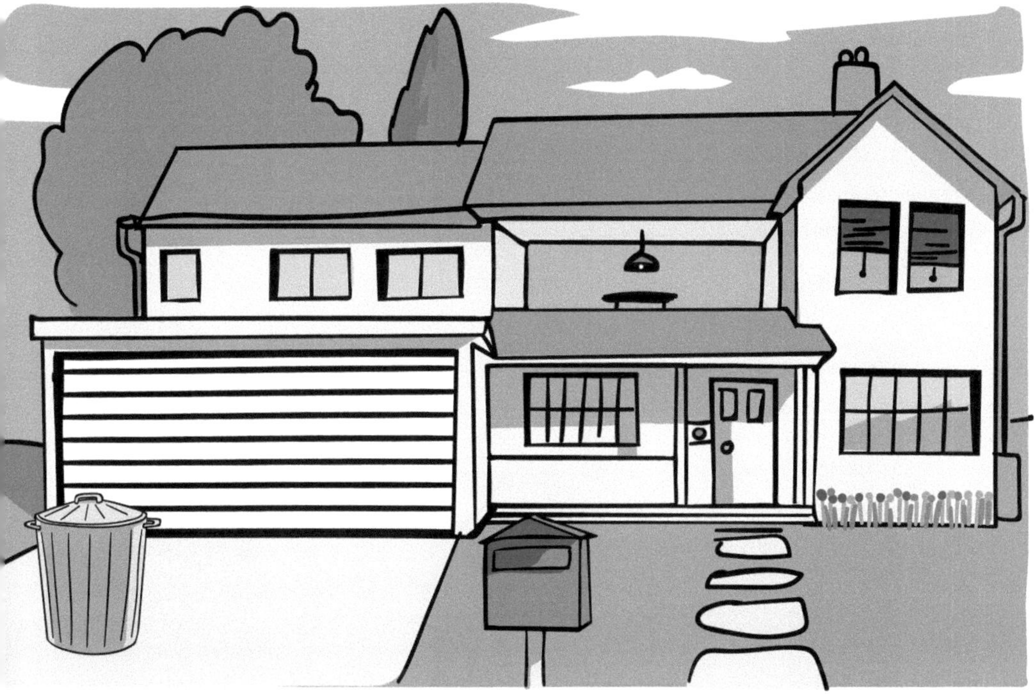

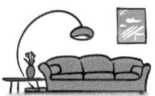

living room
....
Dnevna soba

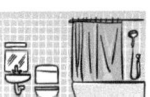

bathroom
....
Kopalnica

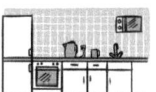

kitchen
....
Kuhinja

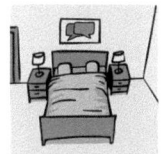

bedroom
....
Spalnica

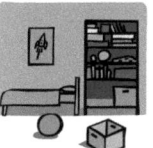

child's room
....
Otroška soba

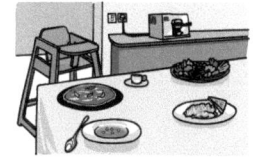

dining room
....
Jedilnica

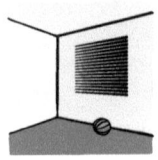

floor
Tla

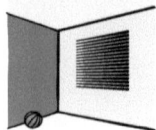

wall
Stena

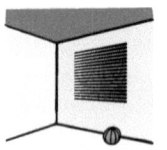

ceiling
Strop

cellar
Klet

sauna
Savna

balcony
Balkon

terrace
Terasa

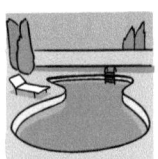

pool
Bazen

lawn mower
Kosilnica

sheet
Rjuha

bedspread
Posteljno pregrinjalo

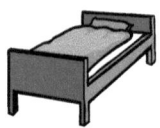

bed
Postelja

broom
Metla

bucket
Vedro

switch
Stikalo

carpet
....
Preproga

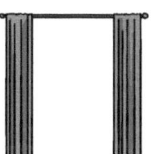

curtain
....
Zavesa

table
....
Miza

chair
....
Stol

rocking chair
....
Gugalnik

armchair
....
Naslanjač

book

Knjiga

blanket

Odeja

decoration

Dekoracija

firewood

Drva

film

Film

hi-fi equipment

Glasbeni stolp

key

Ključ

newspaper

Časopis

painting

Slika

poster

Plakat

radio

Radio

notepad

Beležka

hoover

Sesalnik

cactus

Kaktus

candle

Sveča

kitchen
Kuhinja

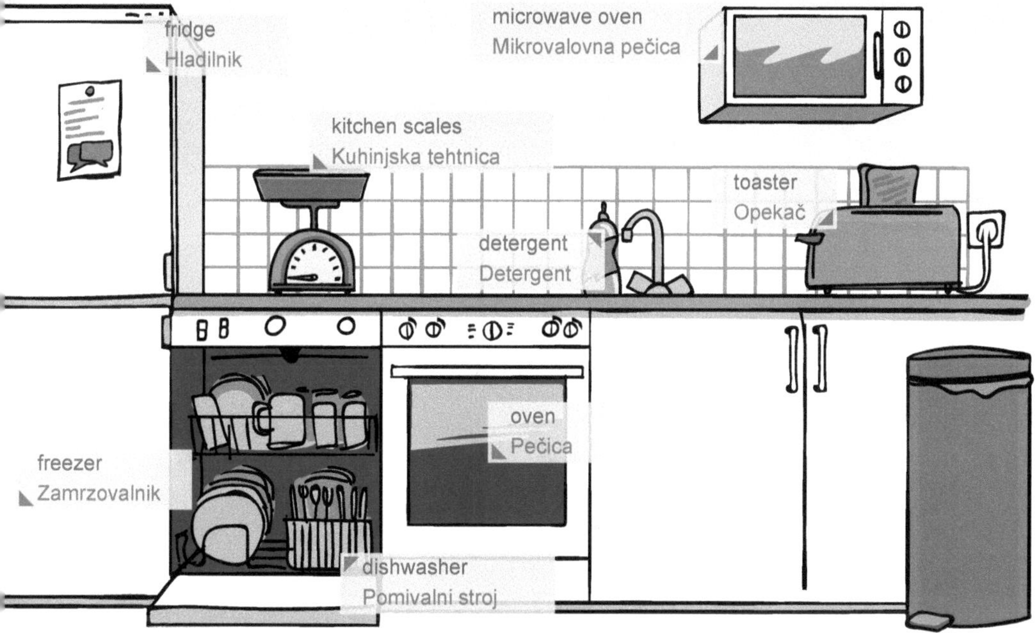

fridge
Hladilnik
microwave oven
Mikrovalovna pečica
kitchen scales
Kuhinjska tehtnica
toaster
Opekač
detergent
Detergent
oven
Pečica
freezer
Zamrzovalnik
dishwasher
Pomivalni stroj

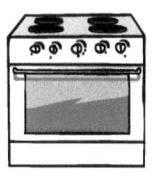

cooker

Kozica

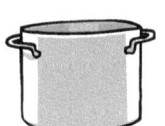

pot

Lonec

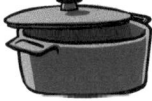

cast-iron pot

Litoželezni lonec

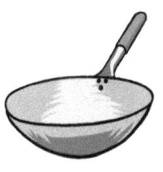

wok / kadai

Vok / kadai

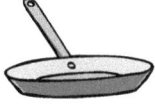

pan

Ponev

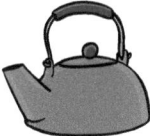

kettle

Kotliček

steamer

Parni kuhalnik

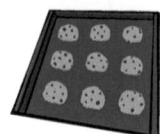

baking tray

Pekač

crockery

Posoda

mug

Skodelica

bowl

Skleda

chopsticks

Jedilne paličice

ladle

Zajemalka

spatula

Lopatica

whisk

Metlica

strainer

Cedilnik

sieve

Cedilo

grater

Strgalo

mortar

Možnar

barbecue

Žar

open fire

Ognjišče

chopping board

Deska za rezanje

rolling pin

Valjar

corkscrew

Odpirač za steklenice

can

Pločevinka

can opener

Odpirač za konzerve

pot holder

Prijemalka za posodo

sink

Korito

brush

Ščetka

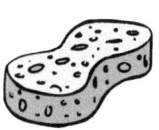

sponge

Goba

blender

Mešalnik

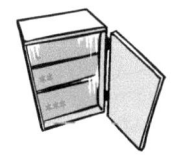

deep freezer

Zamrzovalna skrinja

baby bottle

Steklenička

tap

Pipa

bathroom
Kopalnica

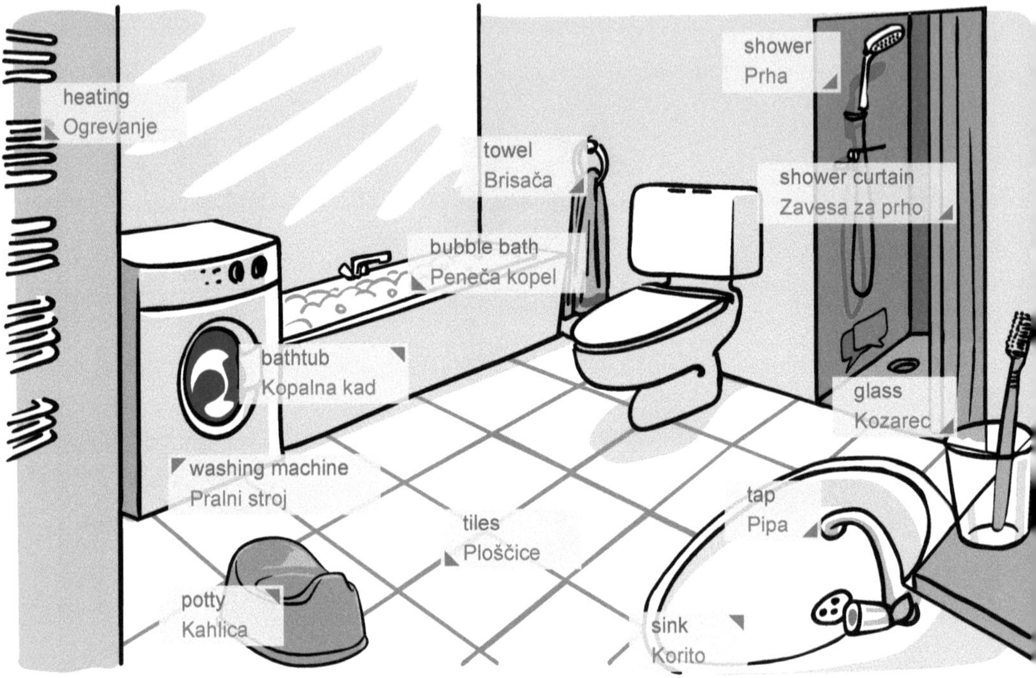
heating
Ogrevanje
towel
Brisača
shower
Prha
shower curtain
Zavesa za prho
bubble bath
Peneča kopel
bathtub
Kopalna kad
glass
Kozarec
washing machine
Pralni stroj
tap
Pipa
tiles
Ploščice
potty
Kahlica
sink
Korito

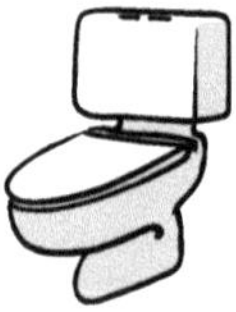

toilet
Stranišče

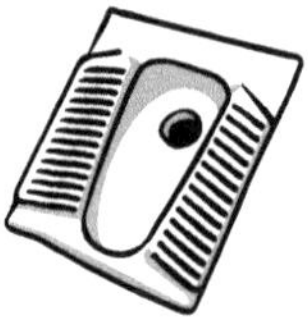

squat toilet
Stranišče na počep

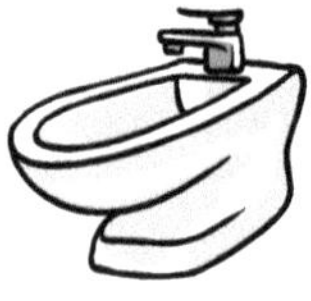

bidet
Bide

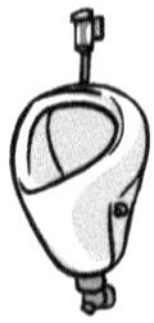

urinal
Pisoar

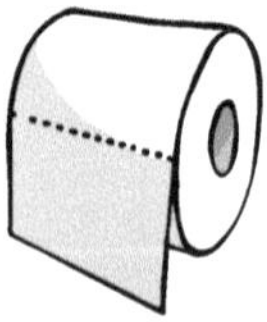

toilet paper
Toaletni papir

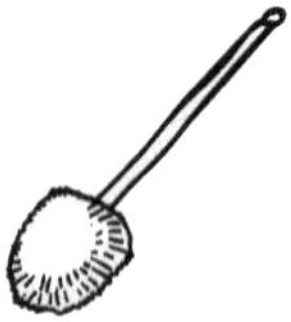

toilet brush
Ščetka za straniščno školjko

toothbrush

Zobna ščetka

toothpaste

Zobna pasta

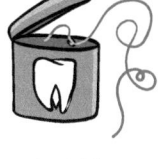

dental floss

Zobna nitka

wash

Umiti se

handheld shower

Ročna prha

douche

Prha za intimne dele

basin

Umivalnik

back brush

Krtača za hrbet

soap

Milo

shower gel

Gel za prhanje

shampoo

Šampon

flannel

Krpica za miljenje

drain

Odtok

cream

Krema

deodorant

Deodorant

mirror

Ogledalo

hand mirror

Ročno ogledalo

razor

Britvica

shaving foam

Pena za britje

aftershave

Vodica po britju

comb

Glavnik

brush

Ščetka

hair dryer

Sušilnik za lase

hairspray

Lak za lase

makeup

Ličila

lipstick

Šminka

nail varnish

Lak za nohte

cotton wool

Vatirane blazinice

nail scissors

Škarjice za nohte

perfume

Parfum

washbag

Toaletna torbica

stool

Stol brez naslonjala

weighing scale

Osebna tehtnica

bathrobe

Kopalni plašč

rubber gloves

Gumijaste rokavice

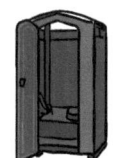

tampon

Tampon

sanitary towel

Damski vložki

chemical toilet

Kemično stranišče

child's room
Otroška soba

alarm clock
Budilka
cuddly toy
Plišasta igrača
toy car
Avtomobilček
rattle
Ropotuljica
doll's house
Hiška za punčke
present
Darilo

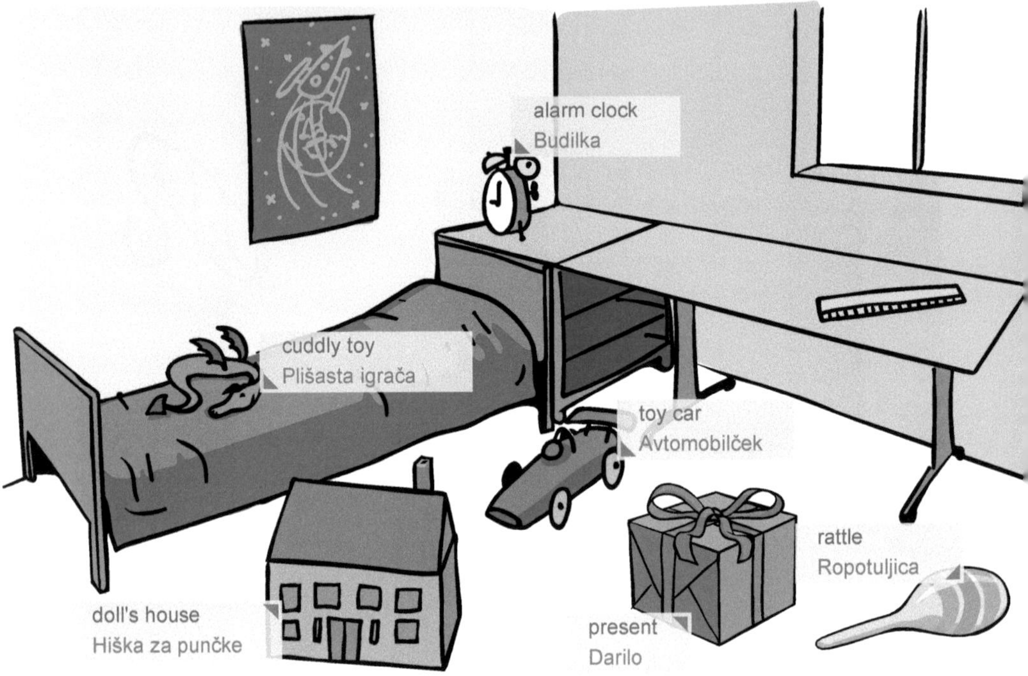

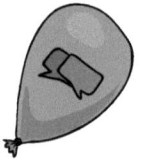

balloon

Balon

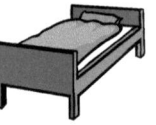

bed

Postelja

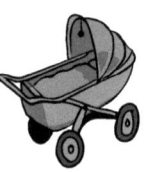

pram

Otroški voziček

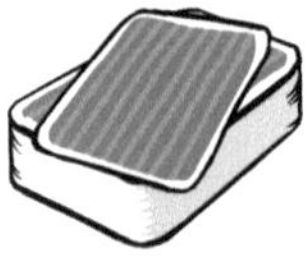

deck of cards

Igralne karte

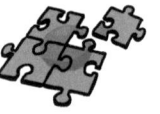

jigsaw

Sestavljanka

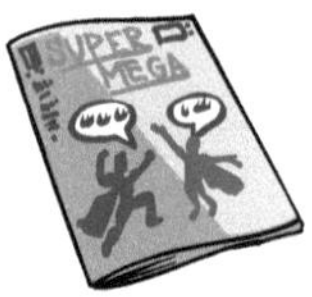

comic

Strip

lego bricks

Lego kocke

building blocks

Igralne kocke

action figure

Akcijska figura

babygrow

Bodi

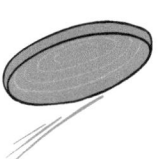

frisbee

Frizbi

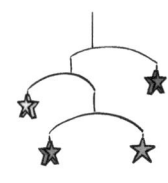

mobile

Vrtiljak za posteljico

board game

Namizna igra

dice

Kocka

model train set

Komplet modelov vlakov

dummy

Duda

party

Zabava

picture book

Slikanica

ball

Žoga

doll

Lutka

play

Igrati se

sandpit

Peskovnik

swing

Gugalnica

toys

Igrače

video game console

Igralna konzola

tricycle

Tricikel

teddy bear

Plišasti medvedek

wardrobe

Garderoba

clothing

Oblačilo

socks

Nogavice

stockings

Samostoječe nogavice

tights

Hlačne nogavice

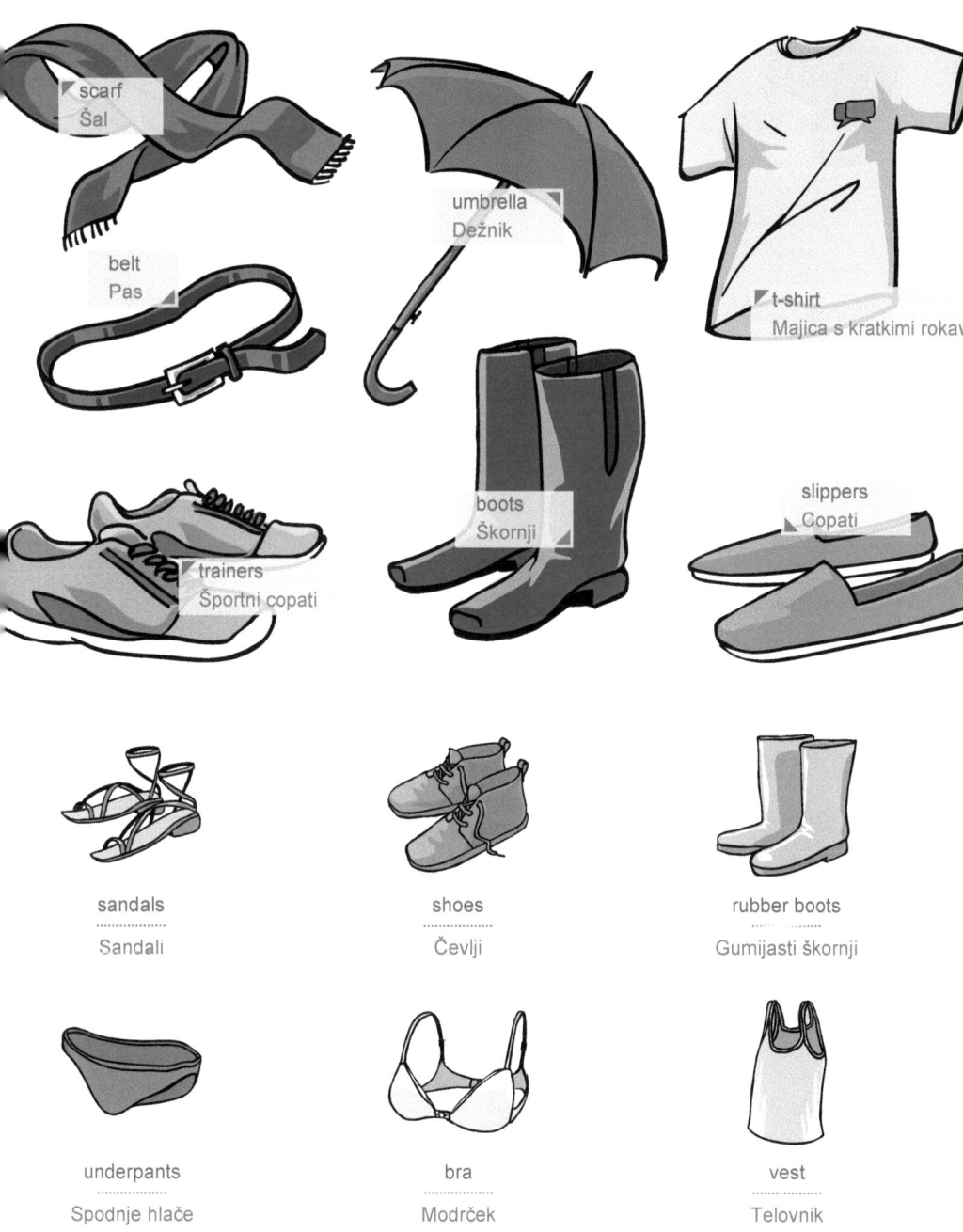

scarf
Šal

belt
Pas

umbrella
Dežnik

t-shirt
Majica s kratkimi rokavi

trainers
Športni copati

boots
Škornji

slippers
Copati

sandals
Sandali

shoes
Čevlji

rubber boots
Gumijasti škornji

underpants
Spodnje hlače

bra
Modrček

vest
Telovnik

body

Bodi

trousers

Hlače

jeans

Kavbojke

skirt

Krilo

blouse

Bluza

shirt

Srajca

pullover

Pulover

hoodie

Pletena jopica

blazer

Jopa

jacket

Jakna

coat

Plašč

raincoat

Dežni plašč

costume

Kostim

dress

Obleka

wedding dress

Poročna obleka

suit

Obleka

nightgown

Spalna srajca

pyjamas

Pižama

sari

Sari

headscarf

Naglavna ruta

turban

Turban

burqa

Burka

kaftan

Kaftan

abaya

Abaja

swimsuit

Kopalke

trunks

Kopalne hlače

shorts

Kratke hlače

tracksuit

Trenirka

apron

Predpasnik

gloves

Rokavice

button

Gumb

glasses

Očala

bracelet

Zapestnica

necklace

Verižica

ring

Prstan

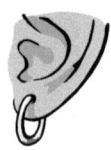

earring

Uhan

cap

Kapa

coat hanger

Obešalnik

hat

Klobuk

tie

Kravata

zip

Zadrga

helmet

Čelada

braces

Naramnice

school uniform

Šolska uniforma

uniform

Uniforma

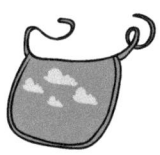

bib

Slinček

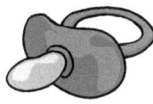

dummy

Duda

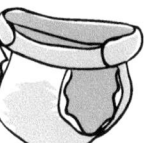

nappy

Plenica

office
Pisarna

server
Strežnik
filing cabinet
Kartotečna omara
printer
Tiskalnik
paper
Papir
monitor
Monitor
mouse
Miška
desk
Pisalna miza
folder
Mapa
keyboard
Tipkovnica
waste-paper basket
Koš za smeti
chair
Stol
computer
Računalnik

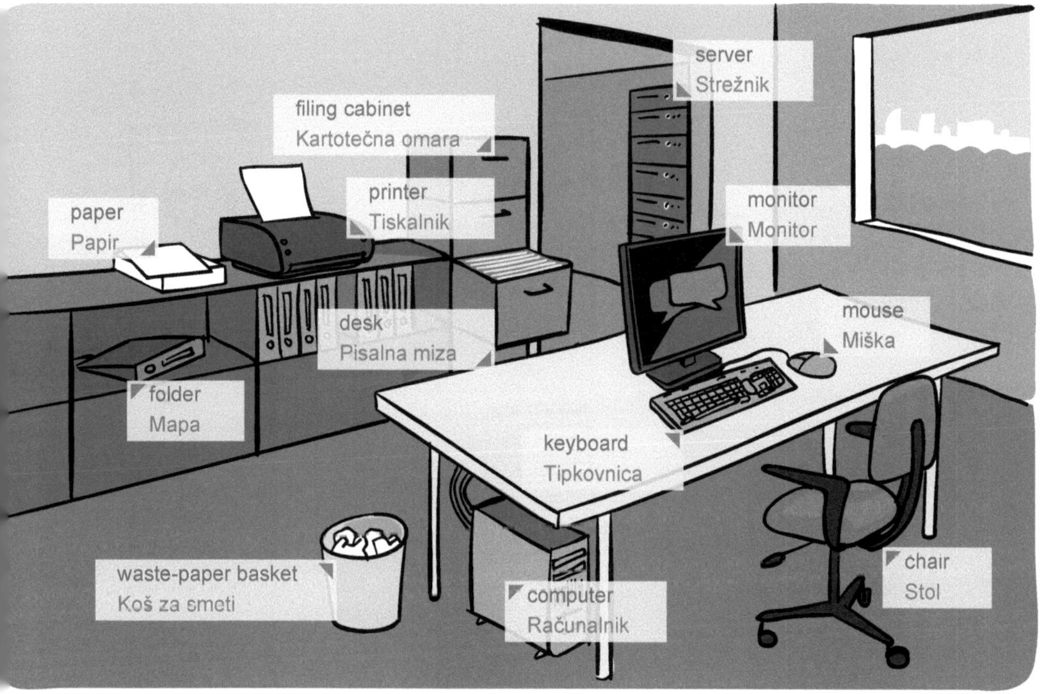

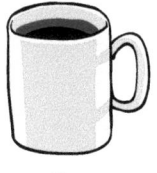

coffee mug

Lonček za kavo

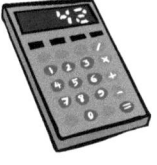

calculator

Kalkulator

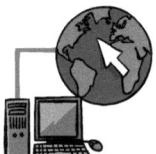

internet

Internet

laptop

Prenosnik

letter

Pismo

message

Sporočilo

mobile

Mobilnik

network

Omrežje

photocopier

Kopirni stroj

software

Programska oprema

telephone

Telefon

plug socket

Vtičnica

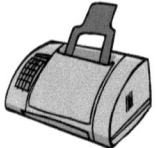

fax machine

Telefaks

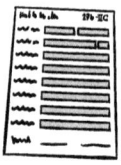

form

Obrazec

document

Dokument

office - Pisarna

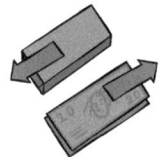

buy

Kupiti

pay

Plačati

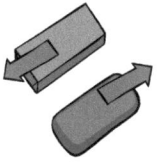

trade

Trgovati

money

Denar

dollar

Dolar

euro

Evro

yen

Jen

rouble

Rubelj

Swiss franc

Švicarski frank

renminbi yuan

Kitajski juan renminbi

rupee

Rupija

cashpoint

Bankomat

bureau de change

Menjalnica

gold

Zlato

silver

Srebro

oil

Nafta

energy

Energija

price

Cena

contract

Pogodba

tax

Davek

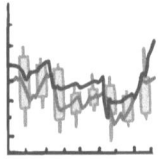

stock

Delnice

work

Delati

employee

Delojemalec

employer

Delodajalec

factory

Tovarna

shop

Trgovina

economy - Gospodarstvo

occupations
Poklici

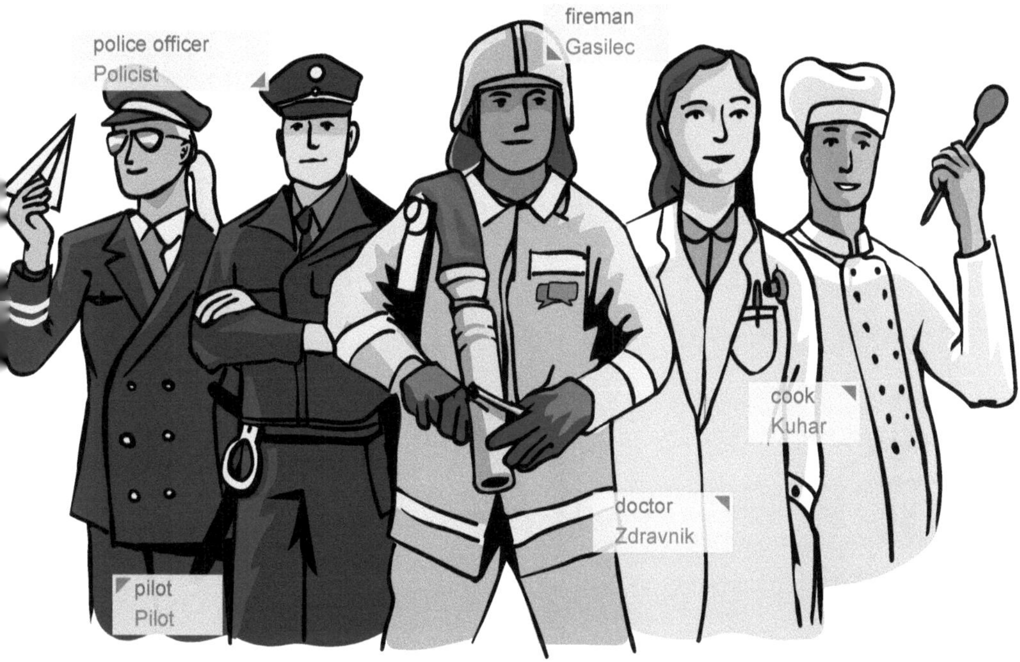

police officer
Policist
fireman
Gasilec
cook
Kuhar
doctor
Zdravnik
pilot
Pilot

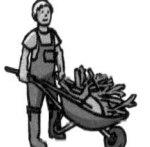

gardener

Vrtnar

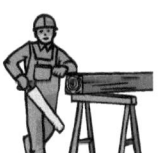

carpenter

Mizar

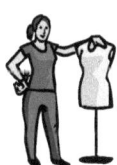

seamstress

Šivilja

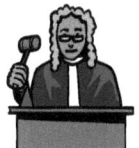

judge

Sodnik

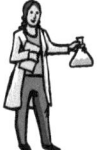

chemist

Kemik

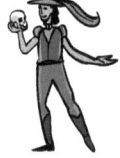

actor

Igralec

bus driver

Voznik avtobusa

taxi driver

Taksist

fisherman

Ribič

cleaning lady

Čistilka

roofer

Krovec

waiter

Natakar

hunter

Lovec

painter

Pleskar

baker

Pek

electrician

Električar

builder

Gradbenik

engineer

Inženir

butcher

Mesar

plumber

Vodovodni inštalater

postman

Poštar

soldier
Vojak

architect
Arhitekt

cashier
Blagajnik

florist
Cvetličar

hairdresser
Frizer

conductor
Sprevodnik

mechanic
Mehanik

captain
Kapitan

dentist
Zobozdravnik

scientist
Znanstvenik

rabbi
Rabin

Imam
Imam

monk
Menih

clergyman
Duhovnik

tools
Orodje

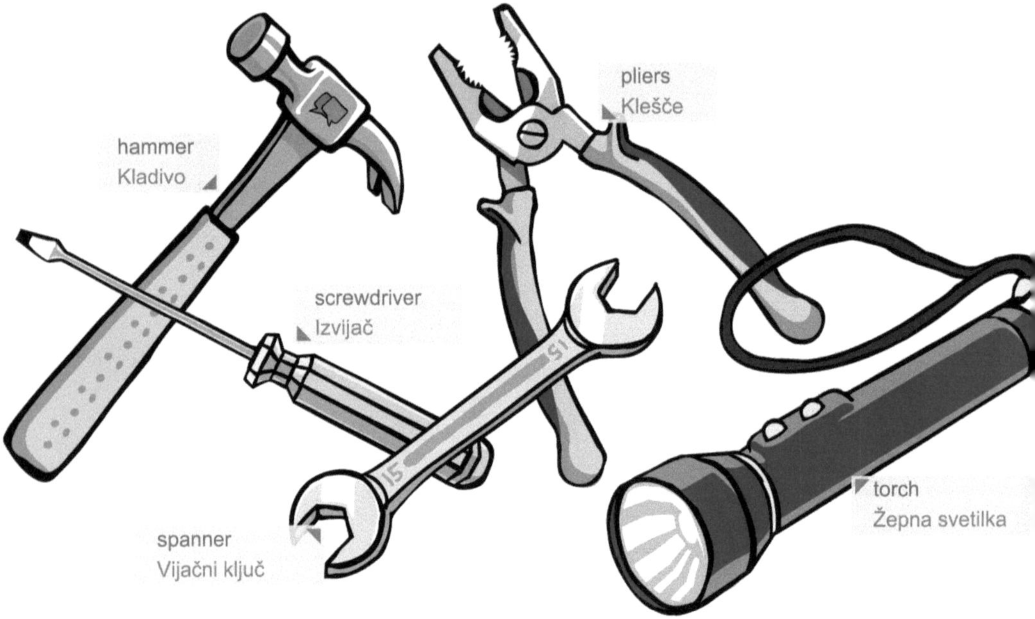
hammer
Kladivo
pliers
Klešče
screwdriver
Izvijač
torch
Žepna svetilka
spanner
Vijačni ključ

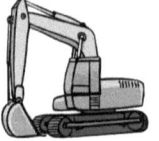

digger

Bager

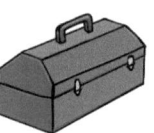

toolbox

Zaboj z orodjem

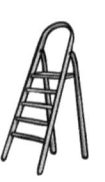

ladder

Lestev

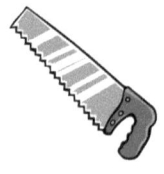

saw

Žaga

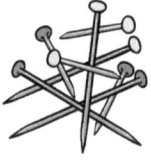

nails

Žeblji

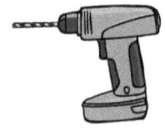

drill

Vrtalnik

repair

Popraviti

shovel

Lopata

Damn!

Šment!

dustpan

Smetišnica

paint pot

Posoda z barvo

screws

Vijaki

musical instruments
Glasbeni instrument

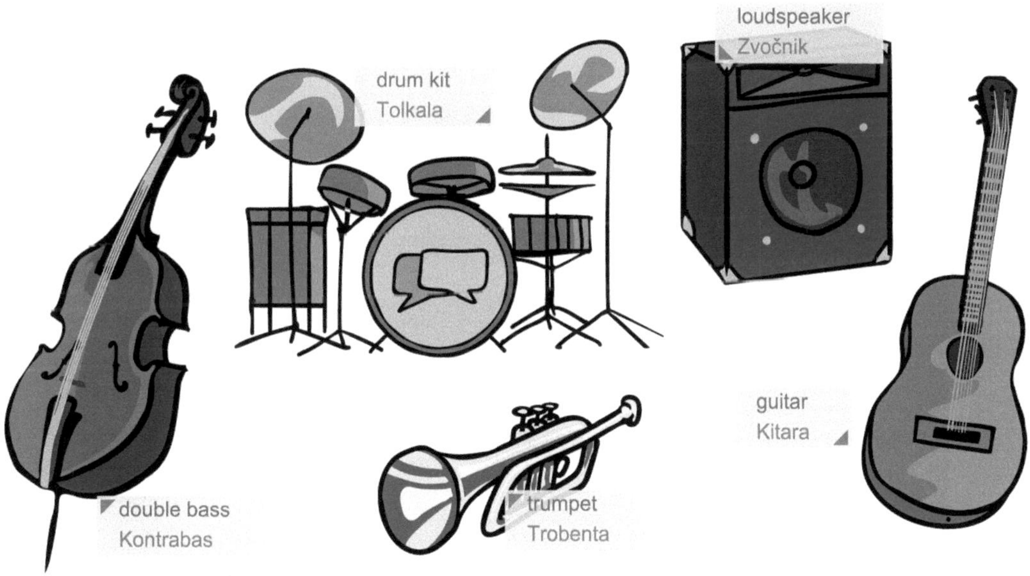

drum kit
Tolkala

loudspeaker
Zvočnik

guitar
Kitara

double bass
Kontrabas

trumpet
Trobenta

piano

Klavir

violin

Violina

bass

Bas kitara

timpani

Pavke

drums

Bobni

keyboard

Sintetizator

saxophone

Saksofon

flute

Flavta

microphone

Mikrofon

ZOO
Živalski vrt

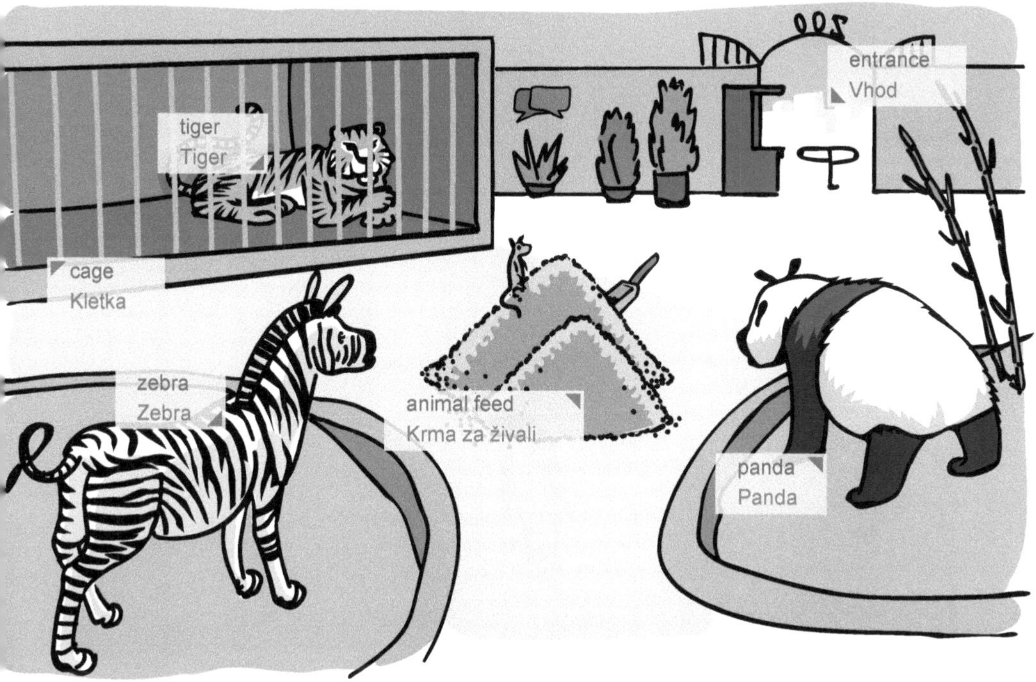

tiger
Tiger
cage
Kletka
entrance
Vhod
zebra
Zebra
animal feed
Krma za živali
panda
Panda

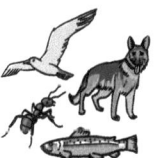

animals

Živali

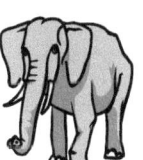

elephant

Slon

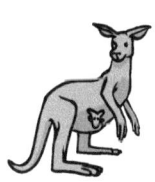

kangaroo

Kenguru

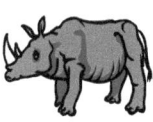

rhino

Nosorog

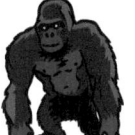

gorilla

Gorila

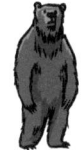

bear

Medved

camel

Kamela

ostrich

Noj

lion

Lev

monkey

Opica

flamingo

Plamenec

parrot

Papagaj

polar bear

Severni medved

penguin

Pingvin

shark

Morski pes

peacock

Pav

snake

Kača

crocodile

Krokodil

zookeeper

Oskrbnik v živalskem vrtu

seal

Tjulenj

jaguar

Jaguar

pony

Poni

leopard

Leopard

hippo

Povodni konj

giraffe

Žirafa

eagle

Orel

boar

Divji prašič

fish

Riba

turtle

Želva

walrus

Mrož

fox

Lisica

gazelle

Gazela

American football
Ameriški nogomet

cycling
Kolesarjenje

tennis
Tenis

basketball
Košarka

swimming
Plavanje

boxing
Boks

ice hockey
Hokej

football
Nogomet

badminton
Badminton

athletics
Atletika

handball
Rokomet

skiing
Smučanje

polo
Polo

jump
Skočiti

laugh
Smejati se

hug
Objeti

walk
Hoditi

sing
Peti

dream
Sanjati

pray
Moliti

kiss
Poljubiti

write
Pisati

draw
Risati

show
Pokazati

push
Potisniti

give
Dati

take
Vzeti

have

Imeti

do

Narediti

be

Biti

stand

Stati

run

Teči

pull

Vleči

throw

Vreči

fall

Pasti

lie

Ležati

wait

Čakati

carry

Nositi

sit

Sedeti

get dressed

Obleči se

sleep

Spati

wake up

Zbuditi se

look at

Gledati

cry

Jokati

stroke

Božati

comb

Česati se

talk

Govoriti

understand

Razumeti

ask

Vprašati

listen

Poslušati

drink

Piti

eat

Jesti

tidy up

Pospraviti

love

Ljubiti

cook

Kuhati

drive

Voziti

fly

Leteti

sail

Jadrati

calculate

Računanje

read

Brati

learn

Učiti se

work

Delati

marry

Poročiti se

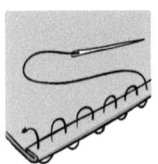

sew

Šivati

brush teeth

Ščetkati si zobe

kill

Ubiti

smoke

Kaditi

send

Poslati

family

Družina

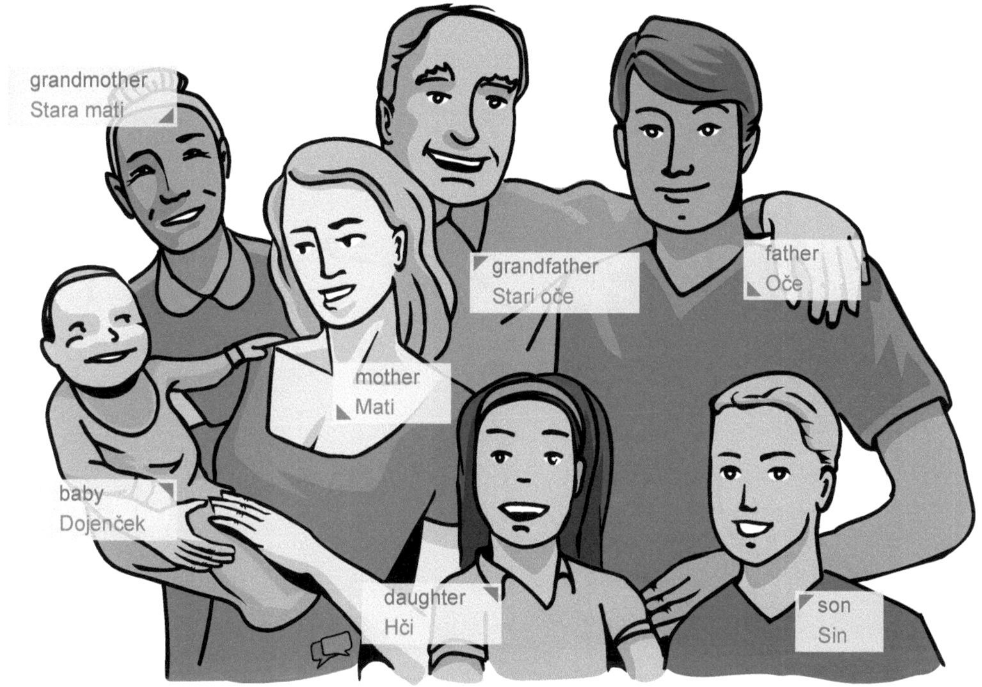
grandmother
Stara mati
grandfather
Stari oče
father
Oče
mother
Mati
baby
Dojenček
daughter
Hči
son
Sin

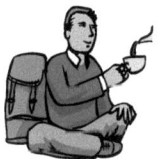

guest

Gost

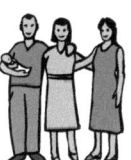

aunt

Teta

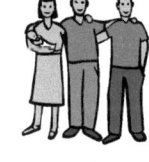

uncle

Stric

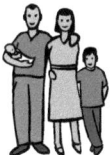

brother

Brat

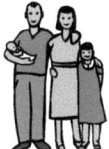

sister

Sestra

body

Telo

forehead
Čelo
eye
Oko
face
Obraz
chin
Brada
breast
Prsi
finger
Prst
hand
Dlan
arm
Roka
shoulder
Rama
leg
Noga

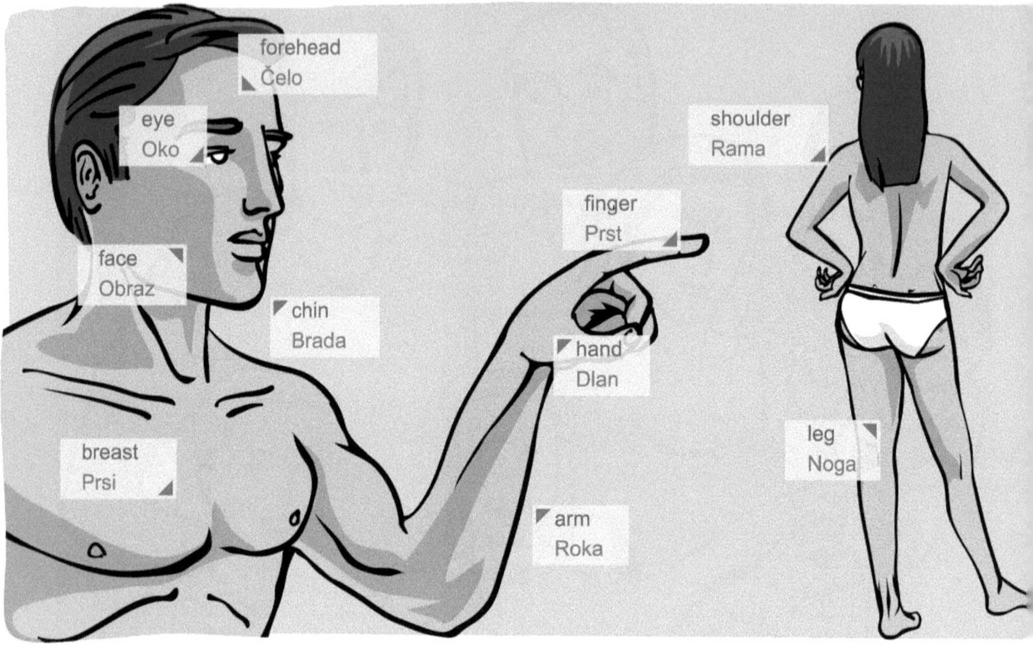

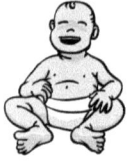

baby
Dojenček

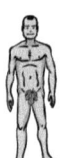

man
Človek

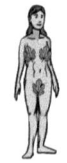

woman
Ženska

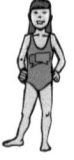

girl
Dekle

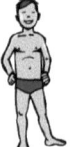

boy
Fant

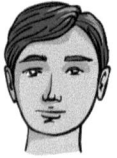

head
Glava

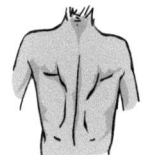

back
Hrbet

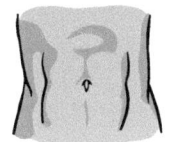

belly
Trebuh

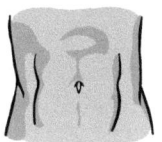

belly button
Popek

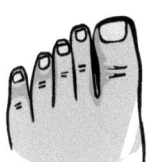

toe
Prst na nogi

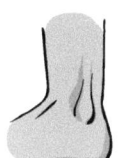

heel
Peta

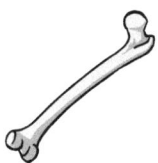

bone
Kost

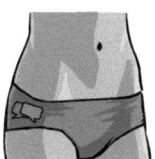

hip
Kolk

knee
Koleno

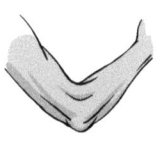

elbow
Komolec

nose
Nos

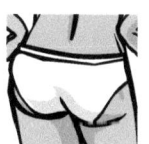

bottom
Zadnjica

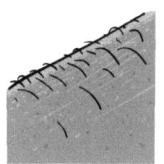

skin
Koža

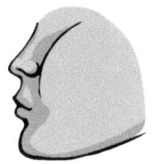

cheek
Lice

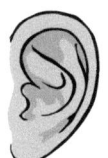

ear
Uho

lip
Ustnica

mouth

Usta

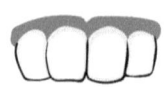

tooth

Zob

tongue

Jezik

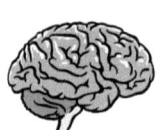

brain

Možgani

heart

Srce

muscle

Mišica

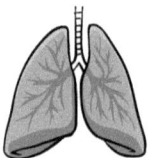

lung

Pljuča

liver

Jetra

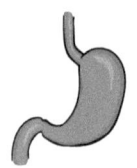

stomach

Želodec

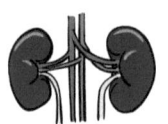

kidneys

Ledvice

sex

Spolni odnos

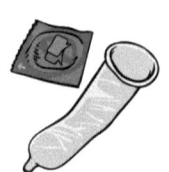

condom

Kondom

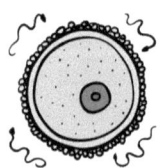

ovum

Jajčece

semen

Semenska tekočina

pregnancy

Nosečnost

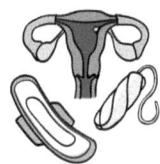

menstruation

Menstruacija

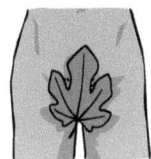

vagina

Vagina

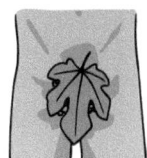

penis

Penis

eyebrow

Obrv

hair

Lasje

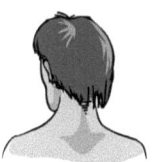

neck

Vrat

hospital
Bolnišnica

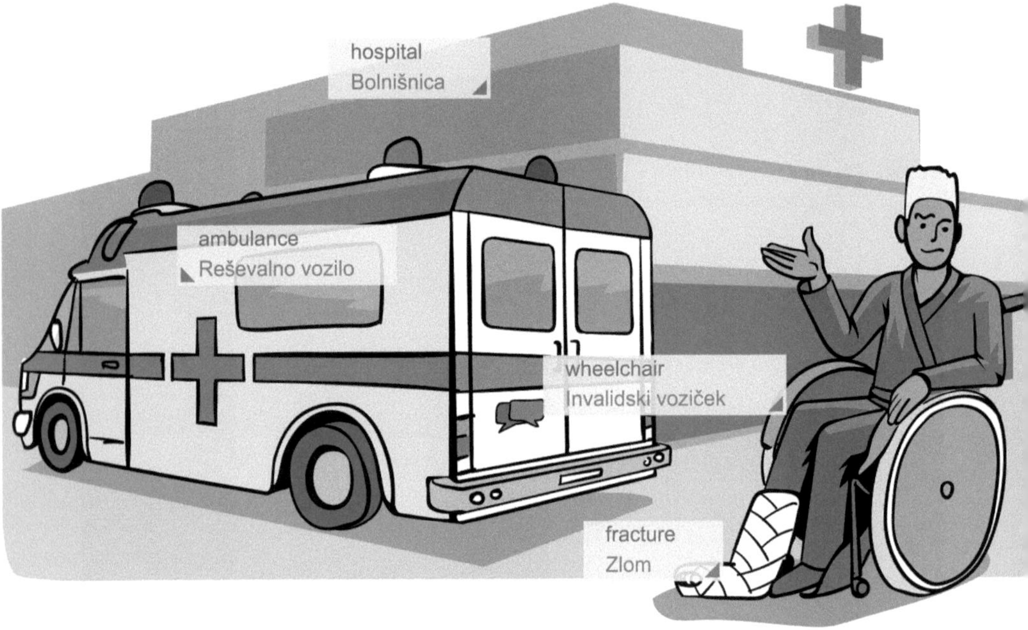

hospital
Bolnišnica
ambulance
Reševalno vozilo
wheelchair
Invalidski voziček
fracture
Zlom

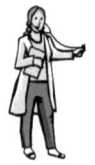

doctor

Zdravnik

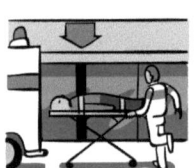

emergency room

Urgenca

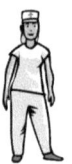

nurse

Medicinska sestra

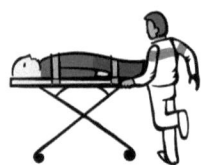

emergency

Nujni primer

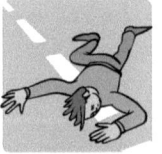

unconscious

Nezavesten

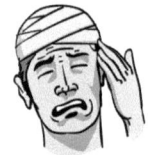

pain

Bolečina

injury

Poškodba

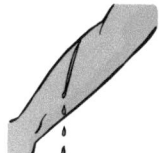

bleeding

Krvavenje

heart attack

Srčni infarkt

stroke

Kap

allergy

Alergija

cough

Kašelj

fever

Vročina

flu

Gripa

diarrhoea

Driska

headache

Glavobol

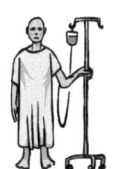

cancer

Rak

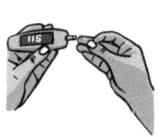

diabetes

Sladkorna bolezen

surgeon

Kirurg

scalpel

Skalpel

operation

Operacija

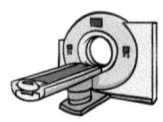

CT

CT

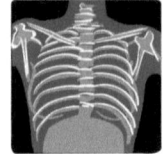

x-ray

Rentgen

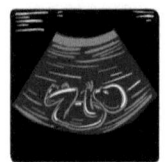

ultrasound

Ultrazvok

face mask

Obrazna maska

disease

Bolezen

waiting room

Čakalnica

crutch

Bergla

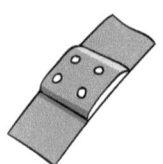

plaster

Obliž

bandage

Preveza

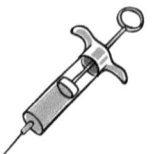

injection

Injekcija

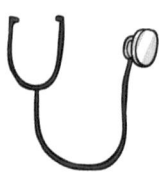

stethoscope

Stetoskop

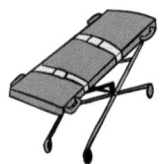

stretcher

Nosila

clinical thermometer

Klinični termometer

birth

Porod

overweight

Prekomerna teža

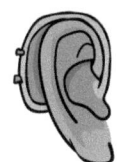

hearing aid

Slušni pripomoček

disinfectant

Razkužilo

infection

Okužba

virus

Virus

HIV / AIDS

HIV / AIDS

medicine

Medicina

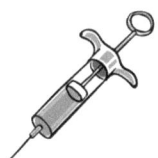

vaccination

Cepljenje

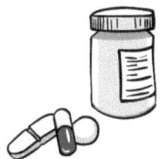

tablets

Tablete

pill

Tableta

emergency call

Klic v sili

blood pressure monitor

Merilnik krvnega tlaka

ill / healthy

bolano / zdravo

Help!

Na pomoč!

alarm

Alarm

assault

Napad

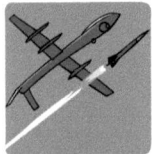

attack

Napad

danger

Nevarnost

emergency exit

Izhod v sili

Fire!

Gori!

fire extinguisher

Gasilni aparat

accident

Nezgoda

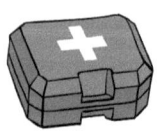

first-aid kit

Komplet za prvo pomoč

SOS

SOS

police

Policija

Europe

Evropa

North America

Severna Amerika

South America

Južna Amerika

Africa

Afrika

Asia

Azija

Australia

Avstralija

Atlantic

Atlantski ocean

Pacific

Tihi ocean

Indian Ocean

Indijski ocean

Antarctic Ocean

Južni ocean

Arctic Ocean

Arktični ocean

North Pole

Severni tečaj

South Pole
Južni tečaj

Antarctica
Antarktika

Earth
Zemlja

land
Kopno

sea
Morje

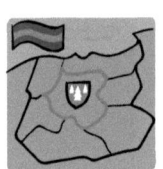

island
Otok

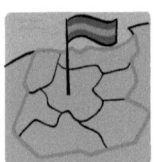

nation
Narod

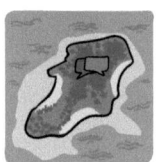

state
Država

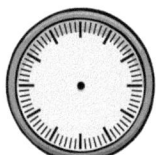

clock face

Številčnica

hour hand

Urni kazalec

minute hand

Minutni kazalec

second hand

Sekundni kazalec

What time is it?

Koliko je ura?

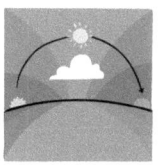

day

Dan

time

Čas

now

Zdaj

digital watch

Digitalna ura

minute

Minuta

hour

Ura

week

Teden

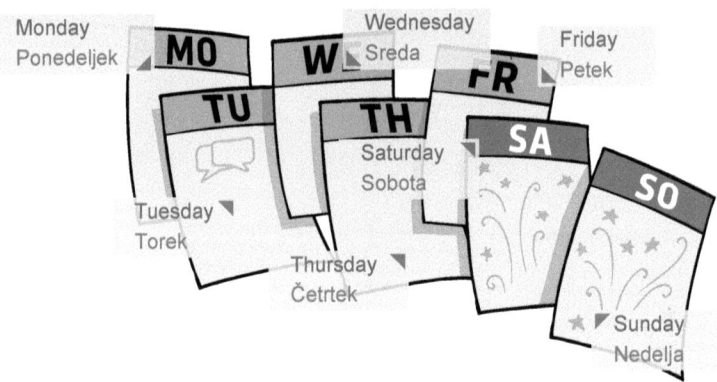

Monday / Ponedeljek
Tuesday / Torek
Wednesday / Sreda
Thursday / Četrtek
Friday / Petek
Saturday / Sobota
Sunday / Nedelja

yesterday

Včeraj

today

Danes

tomorrow

Jutri

morning

Jutro

noon

Poldne

evening

Večer

MO	TU	WE	TH	FR	SA	SU
1	2	3	4	5	6	7
8	9	10	11	12	13	14
15	16	17	18	19	20	21
22	23	24	25	26	27	28
29	30	31	1	2	3	4

business days

Delovni dnevi

MO	TU	WE	TH	FR	SA	SU
1	2	3	4	5	6	7
8	9	10	11	12	13	14
15	16	17	18	19	20	21
22	23	24	25	26	27	28
29	30	31	1	2	3	4

weekend

Konec tedna

year
Leto

rain
Dež
spring
Pomlad
summer
Poletje
wind
Veter
autumn
Jesen
snow
Sneg
winter
Zima

4.APRIL 11°
5.APRIL 4°
6.APRIL 13°
7.APRIL 8°
8.APRIL 10°

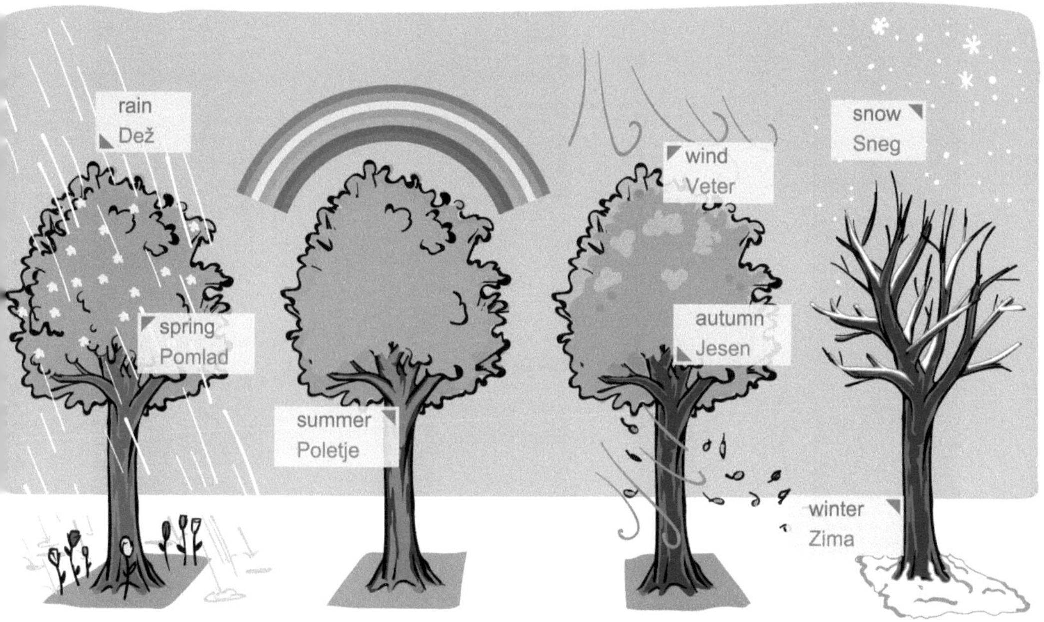

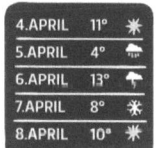

weather forecast

Vremenska napoved

F C
120 40
90 30
60 20
30 10
0 0
-30 -10
-20

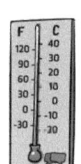

thermometer

Termometer

sunshine

Sončna svetloba

cloud

Oblak

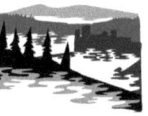

fog

Megla

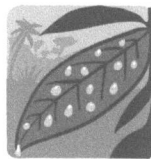

humidity

Vlažnost

lightning

Strela

thunder

Grom

storm

Nevihta

hail

Toča

monsoon

Monsun

flood

Poplava

ice

Led

January

Januar

February

Februar

March

Marec

April

April

May

Maj

June

Junij

July

Julij

August

Avgust

September
....
September

October
....
Oktober

November
....
November

December
....
December

shapes
Oblike

circle
....
Krogla

square
....
Kvadrat

rectangle
....
Pravokotnik

triangle
....
Trikotnik

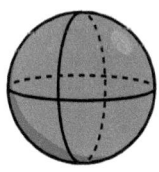

sphere
....
Krogla

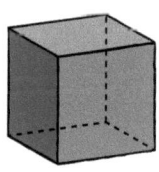

cube
....
Kocka

white
Bela

yellow
Rumena

orange
Oranžna

pink
Rožnata

red
Rdeča

purple
Vijolična

blue
Modra

green
Zelena

brown
Rjava

grey
Siva

black
Črna

a lot / a little

veliko / malo

angry / calm

jezno / umirjeno

beautiful / ugly

lepo / grdo

beginning / end

začetek / konec

big / small

veliko / majhno

bright / dark

svetlo / temno

brother / sister

brat / sestra

clean / dirty

čisto / umazano

complete / incomplete

popolno / nepopolno

day / night

dan / noč

dead / alive

mrtvo / živo

wide / narrow

široko / ozko

edible / inedible

užitno / neužitno

evil / kind

zlobno / prijazno

excited / bored

vznemirjeno / zdolgočaseno

fat / thin

debelo / vitko

first / last

prvo / zadnje

friend / enemy

prijatelj / sovražnik

full / empty

polno / prazno

hard / soft

trdo / mehko

heavy / light

težko / lahko

hunger / thirst

lakota / žeja

ill / healthy

bolano / zdravo

illegal / legal

nezakonito / zakonito

intelligent / stupid

pametno / neumno

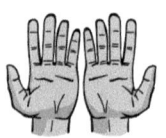

left / right

levo / desno

near / far

blizu / daleč

new / used

novo / rabljeno

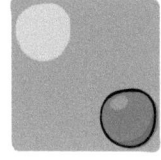

nothing / something

nič / nekaj

old / young

staro / mlado

on / off

vklopljeno / izklopljeno

open / closed

odprto / zaprto

quiet / loud

tiho / glasno

rich / poor

bogato / revno

right / wrong

prav / narobe

rough / smooth

grobo / gladko

sad / happy

žalostno / veselo

short / long

kratko / dolgo

slow / fast

počasi / hitro

wet / dry

mokro / suho

warm / cool

toplo / hladno

war / peace

vojna / mir

0

zero

Ničla

1

one

Ena

2

two

Dva

3

three

Tri

4

four

Štiri

5

five

Pet

6

six

Šest

7

seven

Sedem

8

eight

Osem

9

nine

Devet

10

ten

Deset

11

eleven

Enajst

12

twelve

Dvanajst

13

thirteen

Trinajst

14

fourteen

Štirinajst

15

fifteen

Petnajst

16

sixteen

Šestnajst

17

seventeen

Sedemnajst

18

eighteen

Osemnajst

19

nineteen

Devetnajst

20

twenty

Dvajset

100

hundred

Sto

1.000

thousand

Tisoč

1.000.000

million

Milijon

Jeziki

English

Angleščina

American English

Ameriška angleščina

Chinese Mandarin

Mandarinščina

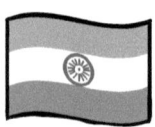

Hindi

Hindujščina

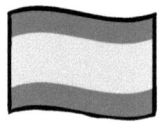

Spanish

Španščina

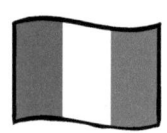

French

Francoščina

Arabic

Arabščina

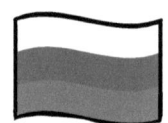

Russian

Ruščina

Portuguese

Portugalščina

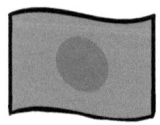

Bengali

Bengalščina

German

Nemščina

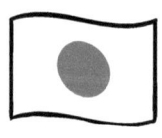

Japanese

Japonščina

I

Jaz

you

Ti

he / she / it

On / ona / tisto

we

Mi

you

Vi

they

Oni

who?

Kdo?

what?

Kaj?

how?

Kako?

where?

Kje?

when?

Kdaj?

name

Ime

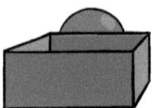

behind

Zadaj

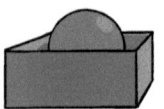

in

V

in front of

Pred

over

Nad

on

Na

under

Pod

beside

Poleg

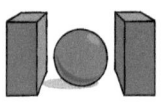

between

Med

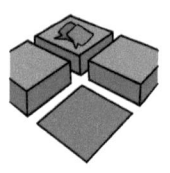

place

Kraj